JN060999

こども服をお繕い

レヴィ奈美
Nami LÉVY

内外出版社

はじめに

靴下の穴あきや洋服のひじやひざのすり切れなどを、修繕して蘇らせる "お繕い"。簡単で、楽しくて、奥の深い手仕事です。私がこどものころは、母が私や姉たちの洋服をよくお繕いしてくれました。そのとき母は、

「何はなくとも、手は宝」

といつも口にしていました。自分が母親になり、こどもたちのためにお繕いをする立場になってから、改めてその言葉の意味を考えるようになりました。どこに住んでいて、どんな状況にあっても、手さえ動かせば必要なものを直すことができる、作ることもできる。そんな、生きていくのに大切なことを母は教えてくれたのだと思います。

私の2人のこどもたちも、私がお繕いをしていると、一緒にやりたがります。おとながやったほうが、もちろん早くてきれいに仕

上がりますが、こどもに自由にやらせてみると、思いもしない発想とデザインが生まれ、おとなの私の方がハッとさせられることもしょっちゅうです。

自分の服を自分で直せばそれは特別な一着になります。そこから物を大切にする気持ちや、物への愛着も芽生えてきます。楽しみながら手を動かして問題（＝くつ下の穴）に向き合って解決法を探していくプロセスは、実践的な学びの機会でもあります。

お繕いに「絶対こうでなくてはダメ」というお約束はありません。ほつれや破れ、すり切れなどはケースバイケースですから、色んなやり方を試してみて、自分のやりやすい方法を見つけるといいと思います。

針目が大ざっぱでも、絵の具がはみ出しても大丈夫。失敗をおそれず、おおらかに。こどもと一緒に始めてみましょう。

レヴィ奈美

こども服をお繕い

目 次

002　はじめに

Part

1

こどもといっしょにおつくろい

008　こどもとお繕いをするときの
　　　ヒントと注意点

010　消しゴムはんこを使って

014　ステンシルで

018　ワッペンを使って

022　フェルトコラージュで

026　当て布でちくちくして

030　羊毛フェルトを使って

Part 2

こどものためにお繕い

036 靴下を繕う
・ダーニングで
・並縫いで
・ランダムステッチで

042 タイツを繕う
・スパイラルステッチで
・ダイヤモンドステッチで

048 破れを生かして繕う

052 ひじあてで繕う

056 目立たせずに繕う

058 袖口を繕う

064 パンツをお直し
・丸いひざあてで
・タック入りひざあてで
・バンド布のひざあてで

074 ファスナーをお直し

Part 3

お繕いの道具と
テクニック

080 道具

082 基本の縫い方

085 図案

087 玉結び・玉留めを
しない糸始末

076 Column
オランダの
リユース＆リサイクル
について

Part
1

こどもといっしょにおつくろい

洋服にシミがついたり、穴があいたりしたら、
それは、こどもの「自分でなんとかしてみよう！」
という気持ちを育むチャンス。
もちろん全部を"お繕い"する必要はないけれど
もう着られないと捨てる前に、
こどもとチャレンジしてみませんか。

！注意！
＊こどもがお繕いをするときは必ずおとなのいる場所でさせてください。
＊カッターナイフやはさみを使うときは、こどもから目を離さないでください。
＊アイロンを使うときは、必ずおとなが一緒に。やけどをしないように気をつけましょう。

こどもとお繕いをするときの
ヒントと注意点

安全を第一に

こどもがお繕いをするときは必ず、おとなが見ているところで行う
ようにしてください。

こどもには、お繕いに使う道具はていねいに扱うことを伝えてくだ
さい。特に針やはさみなど、先のとがった道具は使い方を間違える
とけがにもつながります。作業をしながらふざけて振りまわしたり、
針先や刃先を人に向けないように、おとなが見守りましょう。

特に羊毛フェルトの作業をするときは注意。針を指先に刺す心配も
あります。作業を行うとき、指サックやガーデニング用の手袋の指
先だけカットしたものを使うのもおすすめです。

きれいに仕上げるためにアイロンも使いますが、熱くなったアイロ
ンや、アイロンをかけたての布は温度がとても高くなっており、や
けどの危険があるのでこどもだけで触らせないこと。おとなが見て
いるところで行うか、おとなが手伝いましょう。

ほかにも、道具を使ったあとは置きっぱなしにしないこと、きちん
と片づけることなどの整理整頓も、安全に作業するために大切です。
お繕いを始める前に、こどもときちんと約束を確認しましょう。

作業しやすい道具や場所を整える

こどもがお繕いに慣れないうちは、ひっくり返したボウルなど、丸みのあるものの上に布を置くと作業しやすくなります。縫い物の基本にとらわれすぎず、身近なものを使って、お繕いがやりやすくなる方法をこどもと一緒に考えてみましょう。

材料や道具を広げられるテーブルなど、まわりが片づいた状態でスタートするのもポイントです。道具と場所を整えれば、準備完了です。

こどもはアーティスト！

こどもはおとなと違って、本の手順通りに進められなかったり、途中で飽きたり、難しくてあきらめてしまうこともあります。そんなときは初めから完璧を目指すのではなく、まずは気楽に、自由に、ここまで自分でできた！ という達成感を大切にしてあげましょう。細かいところは気にせず、その年齢ならではの自由な仕上がりもよい思い出になります。

一緒にお繕いをしていると、こどもはおとなが思いもよらないアイデアを出してくることがあります。フェルトの切れ端でコラージュをしたり、刺しゅう糸の色を交ぜて縫ってみたり。紙に絵の具で絵を描くように、自由に大胆に創作できるのが、こどもの発想の素晴らしいところ。おとなにも刺激になるところが、一緒にお繕いをする醍醐味でもあります。難しいところだけおとながサポートしつつ、ぜひ、こどもとお繕いのひとときを楽しんでください。

消しゴムはんこを使って

○ + △ = 風船

大きな丸と小さな三角を組み合
わせて。持ち手のひもはあとか
らペンで描きましょう。

○ + △ + △ = ねこ

大きい丸を顔に見立て、小さな三角を2つ、
同じ色で耳の位置にスタンプ。顔をペンで描
き足せば、かわいいにゃんこのでき上がり!

○ + ☐ = 木

丸と長方形を組み合わせて。イ
ンクのつける量を増やしたり減ら
したりすると、木の色が薄くなっ
たり濃くなったりするよ。

Hoi!

○ + △ + △ = 魚

しっぽは三角をずらして2回押すとこん
なふうに。これも乾いてからペンで顔や
ウロコを描き足して。

消しゴムを、丸、三角、四角……。好きな形にカットして、はんこを作りましょう。
はんこを押してその中に絵を描いたり、2〜3個組み合わせて形を変えたり。
大きな丸に小さな三角を2つ押したら、あ、ネコさんの顔になったよ。

□ + □
長方形のはんこを2つ組
み合わせたら、"バッテン"
の形になったよ。

◯ + ◯
小さい丸をいっぱい押し
たら、三角になっちゃっ
た。おもしろーい。

◯
大きな丸はポンポンと好
きなところに押すだけで
オーケー！

消しゴムはんこを使って

- -

お気に入りのTシャツやワンピース、スカートを汚しちゃっても大丈夫！ シミの上には消しゴムはんこでペタペタ。かわいい模様ができたら、前よりもっと大好きな一着になるかもしれません。はんこを押す洋服は、表面が平らなものを選んでね。

必要な道具

- ●消しゴム ●コピー用紙
- ●布用のインクパッド・
  ペンタイプの布用インク…好みの色
- ●カッターナイフ ●カッターボード ●はさみ
- ●下敷き用の段ボール（または厚紙）
- ●頭に消しゴムのついている鉛筆
  （いらなくなったもの）
- ●マスキングテープ ●アイロン
- ●アイロン台 ●当て布 など

おつくろいの方法

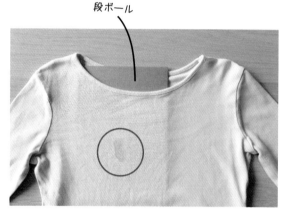

段ボール

1 消しゴムを丸、三角、四角……。好きな大きさ、好きな形にカットしてはんこを作ります。丸い形にするには、まず四角くカットしてから。少しずつ角を削っていくとだんだん丸くなっていくよ。

2 シミのついた洋服を広げて、シミの下に段ボールや厚紙をあてて下敷きにします。こうしておくと、後ろ側の布にスタンプインクがしみたりせず、安心です。

3 インクパッドを手に持ち、カットした消しゴムはんこにポンポンとインクをつけます。押したときに色がかすれないよう、インクは全体にムラなくつけましょう。

4 シミを隠すように、インクをつけたはんこを上から押します。バランスを見ながらシミがないところに押してもOKです。

5 はんこのインクが乾いたら、その上に、ペンタイプの布用インクで絵をプラス。動物の顔などを描き込めば、模様がぐんと生き生きするよ。

こんな
ところに
シミが！！

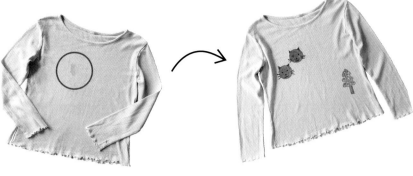

＼ちょっと／

応用

開くと

使うのは
ここ！

6 コピー用紙などに好きなモチーフを描き、はさみで内側をくりぬいて、型紙を作ります。紙を半分に折ってから開くと、左右で同じ形の模様ができ上がり。

7 はんこを押したい部分に型紙をあてて、位置を決めたらマスキングテープなどで紙を留めます。

8 頭に消しゴムのついている鉛筆の消しゴム部分にインクをつけて、型紙の内側にペタペタとスタンプ。紙がずれないように気をつけながら、中を埋めましょう。

9 型紙の内側全体が埋まったら、そのまましばらく置いて、インクが乾いてから型紙をはがします。

10 全部のインクが乾いたら、当て布をあててアイロンをかけます。洗ったときに色が落ちないようにするための仕上げです（アイロンの温度などは、インクの使用説明書を確認しましょう）。

11 でき上がり！

！注意！
おとなの方へ ▶ 毛糸のセーターなど表面が平らでないものはスタンプがきれいに押せないので、この方法は向きません。Tシャツなど布の表面が平らな洋服ならOKです。また、カッターナイフやはさみ、アイロンを使うときはお子さんから目を離さないようにしてください。

ステンシルで

消しゴムはんこより、
濃いシミを隠すのにも使えるステンシル。
お絵かきの部分が増えたから
色も形も自分の描きたい模様を好きな大きさで。
自由にやってみよう！

ステンシルの上に、ペン
や筆で模様や絵をプラス
しても楽しいよ。

ステンシルで

どうしよ…

両面テープとコピー用紙で作ったオリジナルステンシルを使って模様を描きます。筆やスポンジに布用絵の具をつけ、お絵かきを楽しむ気分で自由に！

必要な道具

- ●コピー用紙 ●布用の絵の具…好みの色
- ●50mm幅の両面テープ ●梱包用の透明テープ
- ●カッターナイフ ●カッターボード ●はさみ
- ●下敷き用の段ボール（または厚紙）
- ●筆（またはスポンジ）●マスキングテープ
- ●鉛筆（図案を写す用）●アイロン
- ●アイロン台 ●当て布 など

おつくろいの方法

1 85ページのステンシルの図案を好きな大きさに拡大して、コピー用紙などに写します。まわりに2cmくらいの余白を残して切り取り、型紙を作ります。

2 型紙の裏側全体に両面テープをすき間なく貼ります。

3 型紙の表側には梱包用の透明テープを全体にすき間なく貼ります。中に空気が入らないようにていねいに貼りましょう。

4 図案の内側を切り抜きます。
おとなの方へ ▶あらかじめおとなが中央に切り込みを入れておくと、こどもがはさみを入れやすくなります。

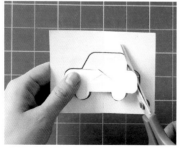

5 図案の線に沿ってはさみを入れて、ゆっくりと切り抜きます。手を切らないよう、注意して！

使うのはこっち

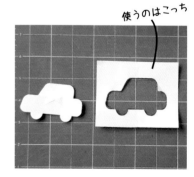

6 ステンシルの型ができました。

7 シミのついた洋服を広げます。反対側の布に絵の具がしみないよう、服の内側に厚紙などを差し入れます（12ページの**2**と同じように入れてください）。型紙の裏側に貼った両面テープのはくり紙をはがし、シミの位置に貼ります。

8 筆（またはスポンジ）に布用絵の具をつけます。トントンと軽くたたくようにして、型の内側に色をつけます。図案のふちは、外側（型紙の上）に色が少しはみ出すくらいまで塗ると輪郭がきれいに仕上がるよ。

9 最初に塗った色が乾いたら、別の色をプラス！

10 すべての色の絵の具が乾いたら、型紙をそっとはがします。

11 好みで太いラインやストライプをプラスしてもOK。まずは線を引きたい部分のまわりにマスキングテープを貼り、マスキングテープの内側に布用絵の具を塗ります。

12 絵の具が乾いたらマスキングテープをはがします。

13 でき上がり。道路の上を車が走っているみたいな模様が描けたよ！

> **！注意！**
> おとなの方へ ▶ 毛糸のセーターなど表面が平らでないものにはきれいにステンシルできないので、この方法は向きません。Tシャツなど平らな洋服ならOKです。また、カッターナイフやはさみ、アイロンを使うときはこどもから目を離さないようにしてください。

ワッペンを使って

はぎれを好きな形にちょきちょき切って、ワッペンに。
布の柄に沿って切ってもいいし、自分で絵を描き足してもいいね。

ワッペンを使って

穴があいたパンツやシャツ、カットソーのひじなどには、はぎれで作ったワッペンがぴったり。お気に入りの色や柄の布を好きな形に切って、穴の上にペタリ。これでまた着られるよ。

ひざって
すぐに穴が
あくよね

必要な道具
- ●はぎれいろいろ ●両面接着シート
- ●鉛筆（図案を写す用）●はさみ
- ●ペンタイプの布用インク ●アイロン
- ●アイロン台 ●当て布 など

おつくろいの方法

1 ワッペンをつける部分にアイロンをかけて、穴のまわりの布のシワを伸ばしておきます。ほつれた糸などはこのときカットしておきましょう。

両面接着シート

2 ワッペンにしたい図案を、両面接着シートのはくり紙の面に鉛筆で描きます。丸い形にしたいときは、ビンのふたなどを使って写すと簡単だよ。

3 両面接着シートは下に敷いた図案が透けて見えるので、好きな図案があれば、それを写してもOK。

はぎれの裏側　　両面接着シート

4 はぎれの裏側を上にして置き、その上に図案を写した両面接着シートを重ねます。布に柄があるときは、切り取りたい柄の位置を考えて、写した図案を重ねるといいよ。

当て布

5 当て布を重ねて、上からアイロンで接着します（アイロンの温度などは、両面接着シートの使用説明書を確認しましょう）。

さめるまで
さわらない!!

6 両面接着シートが接着できたところ。このまましばらく置いて、アイロンの熱をさまします。注意 ▶ アイロンをかけたすぐあとの布は熱くなっているので、触らないでね。

好きな部分の模様を切り取ってね。

布に模様がないときは布用のペンを使って、自分で絵を描き足すと楽しいよ。

7 鉛筆で描いた図案の線に沿って、はさみで切ります。ワッペンができた！

8 ワッペンの両面接着シートのはくり紙をはがします。

ペタッ

9 穴が隠れる位置に、ワッペンをのせます。

10 当て布をして、アイロンで接着します（アイロンの温度などは、両面接着シートの使用説明書を確認しましょう）。

11 ワッペンが接着できたところ。6のときと同じく、このまましばらく置いて、アイロンの熱をさまします。注意▶アイロンをかけたすぐあとの布は熱くなっているので、触らないでね。

12 パンツのひざなどは、穴のあいていない反対側にも同じワッペンをつけると、はいたときにバランスがいいよ。

！注意！
おとなの方へ▶厚手の毛糸のセーターや伸縮性のあるスウェット地などに、このワッペンは向きません。コットンやリネンなど、平織りの洋服に合わせてあげましょう。また、はさみやアイロンを使うときはこどもから目を離さないようにしてください。

フェルトコラージュで

フェルトシートは端っこがほつれてこない
から、切るのもらくちん。ギザギザにした
りくりぬいたり、おもしろい形も作れるよ。

カラフルなフェルトシートを切って貼るだけの
いちばん簡単なお繕い。
小さい子の初めてのお繕いにおすすめです。
いろんな形を貼り合わせて
好きな模様を作っちゃおう。

FISHER·PRICE Pull·A·Tune

フェルトコラージュで

スウェットパンツやトレーナーなど、伸び縮みのする布の
お繕いにはフェルトのコラージュがおすすめです。フェル
トシートなら、細かい形や小さな形にカットするのもらくち
んだから、いろいろ組み合わせて模様を作ってみましょう。

必要な道具

●フェルトシート ●接着芯 ●はさみ
●布用接着剤 ●アイロン ●アイロン台
●当て布 など

うんと
かわいく
なったよ

おつくろいの方法

1 フェルトシートをフリーハンド
で、好きな形に切りましょう。
残った切れ端も思いがけない
形になって、あとで使えるかも
しれないね。

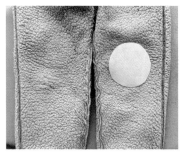

2 穴が大きくあいたり、裂けたり
している場合は、コラージュ
の前に、穴があいた部分の裏
側に接着芯を貼っておきましょ
う。そうすると、それ以上穴
が広がりにくくなるから、補強
がしやすいよ。

3 洋服の傷んだ部分に表側から
フェルトを貼ります。まずはど
のあたりに貼るといいかバラン
スを見ながら、フェルトの位
置を決めましょう。

4 フェルトの裏側に接着剤を少しつけて、決めた位置にフェルトを貼っていきます。つけすぎるとフェルトがゴワゴワしてしまうので、注意しましょう。

5 接着剤の中には、アイロンをかけて定着させるものもあるので、その場合は当て布をしてアイロンをかけましょう。

6 小さなパーツははがれてしまうことがあるので、おとなに補強をしてもらいましょう。
おとなの方へ ▶ 接着剤で貼りつけてから、まつり縫い（82ページ）数針でさらに縫い留めましょう。接着剤によっては乾くと針が通りにくくなるタイプもあるので、事前に取扱説明書を確認してください。

「残ったフェルトで仮面だよ〜」（ふざけた顔）
「どんな形に切ろうかなぁ」（真剣な顔）
どっちも楽しいね。

！注意！
おとなの方へ ▶ 毛糸のセーターなど表面が平らではなく、接着剤がつきにくいものに貼りつけるのは避けましょう。また、はさみやアイロンを使うときはお子さんから目を離さないようにしてください。

当て布でちくちくして

大好きなシャツやブラウスに
うっかり穴をあけちゃった……。
そんなときもあわてないで！
表側や裏側から布をあててちくちく縫えば
穴をふさぐことができます。
使う布は思い切って派手な色を選んで元気よく。
縫い目がそろってなくたって、
それがむしろいい感じなのです。

当て布でちくちくして

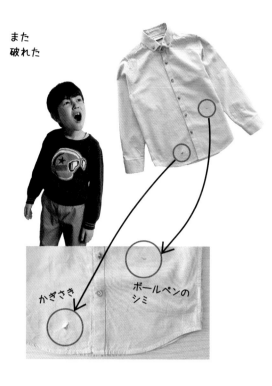

また
破れた

かぎさき
ボールペンの
シミ

洋服にあいた穴やすり切れて布が薄くなった部分には、当て布をして、そのまわりや布の上を針と糸でちくちく縫い留めます。針に糸を通すときや玉結びや玉留めをするときは、おとなの手を借りても OK。最初だけ手伝ってもらったら、あとはちくちくを気軽に楽しもう！

必要な道具

- はぎれいろいろ
- 手縫い用の木綿糸や刺しゅう糸
- 針 ● はさみ ● スティックのり
- 布用接着剤（またはほつれ止め液）
- 綿棒 ● アイロン ● アイロン台 ● 当て布 など

おつくろいの方法

丸、四角、三角などに切った小さなはぎれを、シャツやブラウスの穴部分やすり切れて布が薄くなった部分にあて、スティックのりで仮留めします。その上から、並縫い（82ページ）やまつり縫い（82ページ）、ブランケットステッチ（83ページ）などで縫い留めればでき上がりです。当て布をする洋服には、あらかじめアイロンをかけてシワを伸ばしておくとよいでしょう。

ちくちく
するときの

注意点

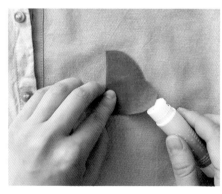

のりやほつれ止め液は端や角に塗るのがコツ！

当て布がずれないように、布の裏側のところどころにスティックのりを薄く縫って、仮留めします（待ち針〈＝布を留めておく針〉のかわりです）。布は切りっぱなしでも味わいがあってよいですが、端のほつれが気になるときには、裏側に布用接着剤やほつれ止め液を綿棒で薄く塗っておきましょう。

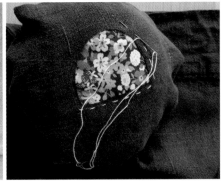

当て布は表からでも裏からでも

大きく破れた部分は、三角や半円に切り取って、裏側から布をあてるのも GOOD。窓から布の模様がのぞいているようでかわいいね。

糸は針の根元でひと結び

糸を1本どりで使うときは、糸が針から抜けないよう、針穴のきわでひと結びしておくと、縫いやすくなるよ。針は長めだと、並縫いがまっすぐ仕上がるから試してみてね。

後ろ側の洋服を縫わないように！

洋服の後ろ側の布を一緒に縫ってしまわないように、台になるものを間に入れましょう。小さなボウルなどがちょうどいいかも！

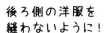
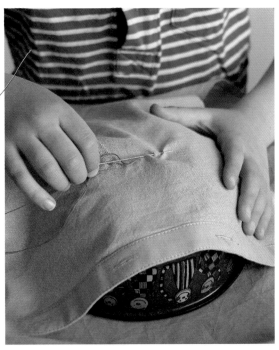

補強が必要なときはおとなが仕上げを

こどもが大きく縫い留めたステッチ（紫色）を生かして、おとながフレンチノットステッチ（83ページ）やコーチングステッチ（84ページ）で仕上げました。

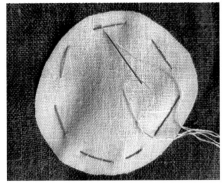

！注意！

おとなの方へ ▶ 作業の前に、針先が刺さると危ないことを説明してください。また、はさみやアイロンを使うときはこどもから目を離さないようにしてください。ほつれ止め液は必ずおとなが管理をし、使わないときはこどもの手の届かないところに保管しましょう。

羊毛フェルトを使って

Tシャツやブラウスみたいに、
表面が平らな洋服だけじゃなく、
セーターにあいた穴も直すことができるよ。
作業といえば、
羊毛フェルトを針でプスプスさすだけ。
クッキー型を使えばかわいいモチーフも
あっという間にでき上がり！

羊毛フェルトを使って

セーターの虫食い穴や、ひじのすり切れ部分には、羊毛
フェルトでフェルティング。クッキーの型を使えば、模様
を作るのはとっても簡単。専用のフェルティングニードル
（針）を使うので、よそ見をせずに羊毛に刺してね。

必要な道具

- ●羊毛フェルト…ブルー、ピンク、
  グリーンなど好みの色
- ●接着芯 ●フェルティングニードル
- ●指カバー ●フェルティング用マット
- ●クッキー型…好みの形 ●カッターボード
- ●定規 ●アイロン ●アイロン台 ●当て布 など

おつくろいの方法

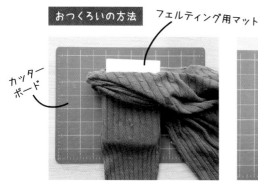

カッターボード / フェルティング用マット

1 穴があいた部分の下にフェルティング用マットをセットします。

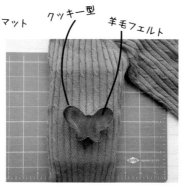

クッキー型 / 羊毛フェルト

2 クッキー型を穴が隠れるような位置に置きます。型の中に羊毛を少しづつ入れて、平らにならします。

指カバーをつけて！ / フェルティングニードル

3 型の端に沿わせるようにしながら、クッキー型の中の羊毛にフェルティングニードルを刺します。まずは縁の部分を刺してから、だんだん内側を刺すように針を移動させます。

4 下に敷いたフェルティング用マットに羊毛がからむので、ときどきマットから羊毛を剥がします。袖など細い部分を作業するときは、袖口から定規などを入れるとはがしやすいですよ。

袖の裏側

5 フェルティングをした部分の裏側が見えるようにひっくり返します。フェルティング用マットをはずし、模様の形がわかるくらいに羊毛が刺せていればOK。

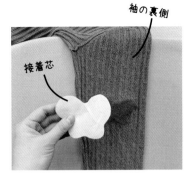

袖の裏側

接着芯

6 接着芯を、型よりひとまわり大きいサイズにカットします。裏側の羊毛の上に置きましょう。

袖の裏側

7 接着芯の上に当て布を置き、アイロンをかけて接着します。

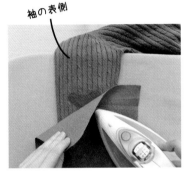

袖の表側

8 セーターを表側に戻します。フェルティングをしたところが、ふわふわと毛羽立っているときは、スチームアイロン（ウールの温度）をかけて落ち着かせます。注意▶アイロンから出る蒸気は高温です。やけどしないように気をつけて！

9 でき上がり。
おとなの方へ▶洗うと羊毛が縮むので、洗濯はウール用の洗剤を使いましょう。

! 注 意 !

おとなの方へ▶フェルティングニードルの針先がささると危ないことを説明してから、お繕いを始めさせてください。また、スチームアイロンを使うときはお子さんから目を離さないようにしてください。

Part

2

こどものためにお繕い

安く洋服が手に入る時代になり、すぐサイズアウトしちゃうから
直してまで着なくても……、と思うこともありますが、
お繕いができるようになると、たくさんの洋服を買う必要が
なくなります。ほころびを直したり、丈を少し長くしたりすることで
またしばらく着られたり、他の子のお下がりにすることもできます。
こどもが自分で選んだモチーフや好きな色を使ってあげれば
それはもう、特別な一着。
元気いっぱいのこどものために、お繕いを始めてみませんか。

靴下を繕う

靴下の中でいちばん穴があきやすい、かかとの部分。
他のところはまだきれいだから捨てるには惜しい……。
そんなときは、ダーニングがおすすめです。
傷みや穴の状態によってダーニングの種類を変えて、
カラフルにお繕いをしましょう。
こどもが喜ぶモチーフをかたどって、
穴よりずっと広めの範囲を縫ってみましょう。

ダーニングで

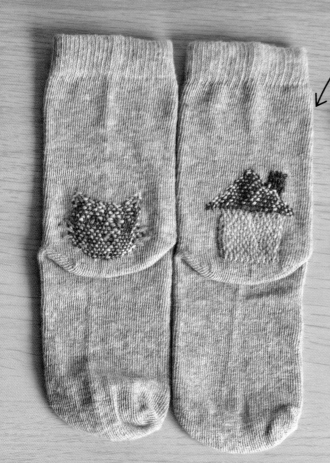

ダーニングで

たて糸×よこ糸で、布を織るように糸を渡すダーニングテクニック。穴があいた部分の補修に適しています。

ランダムステッチで

いろんな向きの縫い目で傷んだ部分を埋めていく、ランダムステッチ。まだ穴があくほどではないけれど、布がすり減ってきた……。そんな部分の補強に適しています。

並縫いで

並縫いで

並縫いを往復させることで、広い面を埋めていくダーニングテクニック。ランダムステッチと同じく、穴があく手前の傷んだ部分に。

037

穴があいた靴下を繕う

ぽっかりあいてしまった穴のお繕いにぴったりのダーニング。穴のまわりに印をつけてから
たて糸を張り、さらによこ糸を渡していく方法で、穴もきれいにふさがります。

必要な道具

●毛糸・刺しゅう糸・木綿糸など＊ ●針
●チャコペンシル ●ダーニングマッシュルーム
●はさみ ●アイロン ●アイロン台 など
＊ダーニングに向く糸 ▶ ウールの靴下なら毛糸、
木綿の靴下なら木綿糸や刺しゅう糸。靴下と糸の
素材をそろえると、でき上がりがしっくりなじみます。

ダーニングで
かかとを
お繕い

おつくろいの方法 ▶ ダーニングで

生地を引っ張りすぎ
たり、たるませすぎ
たりすると、形がゆ
がんできれいに刺せ
ないので注意。

1 ダーニングしたい部分に、チャコ
ペンシルなどで四角く印をつけます。
印は穴の端から5mm以上離した位
置につけましょう。

2 印をつけた部分が中央にくるようにダーニングマッシュルーム
に靴下をかぶせ、マッシュルームの根元にヘアゴムなどを巻
いて結び、固定します。

たて糸を
張る

3 たて糸用の糸を針に通し、印の2
〜3cm外側から針を入れて四角の
角（右下）に1針目を出します。糸
端は玉結びをせず、針を入れた位
置から10cmほど出るように残してお
きます。次に、1針目の真上の角を
右から左に1針すくい、糸を引きます。

4 続けて1針目の針の横に右から左に
1針すくいます（針が生地の裏側ま
で通るようにすくうこと）。糸の引
き加減は、ゆるすぎず、きつすぎず、
生地に自然に沿うようバランスを見
て。これがたて糸になります。

5 3、4を繰り返して、糸の引き具合
を加減しながら、穴が隠れるまで
印の上下をすくってたて糸を張りま
す。たて糸の間隔は、糸1本分ほ
どあけるイメージで。最後は左下
の角をすくって印の外側に針を出し、
糸端を約10cm残してカットします。

6 よこ糸用の糸を針に通し、たて糸と同じように印の外側から針を入れて四角の角（右上）に1針目を出します。糸端は玉結びをせず、針を入れた位置から10cmほど出るように残しておきます。次に、たて糸の2本目、4本目……と、1本おきに針をくぐらせて、たて糸をすくっていきます。このときたて糸を割らないよう、注意しましょう。

7 端までできたら、角をたてに小さく1針すくいます。このとき布が引きつれないよう、糸の引き具合を加減しましょう。よこ糸の1列目が渡せました。

8 ダーニングマッシュルームの上下を逆にして、2列目のよこ糸を渡します。1列目ですくわなかったたて糸に針をくぐらせます。

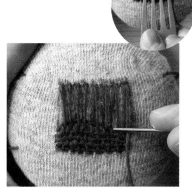

9 2列目を最後まですくったら、下から上へ1針小さくすくいます。

10 6～9を繰り返して、糸の引き具合を加減しながらよこ糸を渡します。よこ糸同士のすき間があかないように、ときどき毛糸用とじ針やフォークの先などで手前に詰めましょう。

11 よこ糸が途中で足りなくなったら、端まで渡したタイミングで、縫い始めと同じように印の2～3cm外側に糸端を出して10cmほど残して切り、新しい糸をつけます。

12 よこ糸を最後まで渡し終えたところ。糸端はダーニング部分の2～3cm外側に出し、10cmほど残して切ります。

13 靴下からダーニングマッシュルームをはずして裏返し、すべての糸端を裏側に引き出します。糸端を針に通し、ダーニング端の裏側の縫い目に巻きかがるように数針通し、残りの糸をカットします（87ページ参照）。

14 表に返し、スチームアイロンを軽くあてて、でき上がり！

すれた靴下を繕う

大きく穴があいたわけではないけれど、すれて全体的に生地が薄くなった部分には「並縫い」「ランダムステッチ」の
ダーニングがおすすめ。縫い目がそろっていなくても大丈夫。ザクザク縫って、傷んだ部分を補強しましょう。

おつくろいの方法 ▶ 並縫いで

1 すれた範囲にチャコペンシルなど
で四角く印をつけます。印の部分
が中央にくるようにダーニング
マッシュルームに靴下をかぶせ、マッ
シュルームの根元にヘアゴムなどを
巻いて結び、固定します。

2 糸を針に通し、印の2〜3cm外側
から針を入れて四角の角に1針目
を出します。糸端は玉結びをせず、
針を入れた位置から10cmほど出る
ように残しておきます。

3 裏目より表目が長くなるようにすく
い、端から細かめに並縫いをしま
す。長めの針を使うと、縫い目をまっ
すぐ、きれいに縫うことができます。

4 印の端まで縫ったら、ダーニング
マッシュルームを右に90度回転さ
せ、右から左へ小さく1針すくいます。

5 ダーニングマッシュルームをさらに
右に90度回転させ、**3**と同じように
並縫いをします。このとき、1列目
と針目がそろっていなくてもOKです。

6 **3**〜**5**を繰り返して、印の中を並縫
いで埋めていきます。

7 途中で糸が足りなくなったら、縫い
始めと同様にダーニング部分の外
側に糸端を出し、新しい糸をつけ
ます。糸の色をかえてもOK。続け
て印の端まで並縫いで仕上げます。

8 丸い形に並縫いをしたときは、仕
上げに刺した面のまわりを並縫い、
またはアウトラインステッチ(83ペー
ジ)で縁取ると、形が際立ってきれ
いです。

9 靴下を裏返し、39
ページの**13**と同じ
要領で糸端の処
理をし、再び表に
返したら並縫いの
ダーニングのでき
上がり!

1 すれた範囲にチャコペンシルなど
で丸く印をつけます。印の部分が中
央にくるようにダーニングマッシュ
ルームに靴下をかぶせ、マッシュ
ルームの根元にヘアゴムなどを巻い
て結び、固定します。

2 糸を針に通し、印の2〜3cm外側
から針を入れて印の内側に1針目を
出します。糸端は玉結びをせず、針
を入れた位置から10cmほど出るよ
うに残しておきます。半返し縫いの
要領で1目縫い、自由な向きに1目
ずつランダムにステッチを刺します。

3 ときどきダーニングマッシュルーム
を回転させて向きを変えると、縫
い目がよりランダムに刺しやすくな
ります。

4 全体にバランスよく刺したら、糸端
を印の2〜3cm外側に出し、10cm
ほど残して切ります。

5 別の色の糸を針に通し、最初に刺
したステッチの間を縫うように、同
じ要領で自由な向きに1目ずつラン
ダムにステッチを刺していきます。

6 別の色の糸も刺し終えたら、同様
に糸端を印の外側に出します。

7

靴下を裏返し、39
ページの**13**と同じ
要領で糸端の処理
をし、再び表に返
したらランダムス
テッチのダーニン
グのでき上がり!

並縫い

ひたすら並縫いを往復にちくちく。
ステッチによって、すり減った生
地が補強されます。

ランダムステッチ

さまざまな向きにステッチをする
ことで、色が混じったような複雑
な色合いが楽しめます。

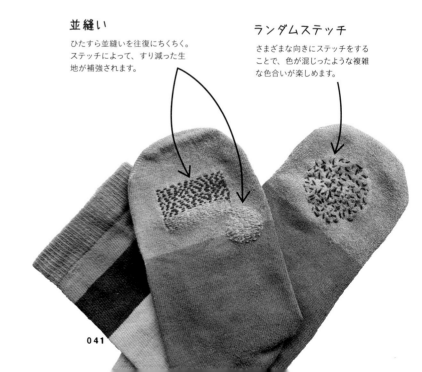

タイツを繕う

脱ぎはきのときに爪などを引っかけて、
穴をあけてしまったタイツは
穴が小さなうちにお繕いをするのがポイント。
カラフルなワンポイントがかわいい。

タイツの穴を繕う1

小さな穴があいてしまったタイツやレギンスに、花のようなステッチを施すテクニックが「スパイラルステッチ」。直径1cm以上の大きな穴になるとこの方法は向かないので、穴が広がらないうちに繕うのがポイントです。

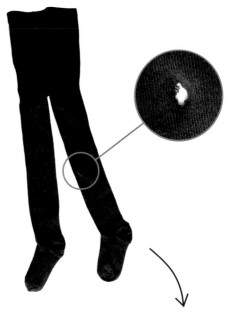

必要な道具

- ●毛糸・刺しゅう糸・木綿糸など＊
- ●針 ●チャコペンシル
- ●ダーニングマッシュルーム
- ●はさみ など

＊このステッチに向く糸 ▶ ウールの生地なら毛糸、木綿の生地なら25番刺しゅう糸。生地と糸の素材をそろえると、でき上がりがしっくりなじみます。

穴が
あいていない
ところも
ステッチすると
かわいいよ

おつくろいの方法 ▶ スパイラルステッチで

1 ステッチしたい部分に、チャコペンシルなどで丸く印をつけます。印は穴の端から5mm以上離した位置につけましょう。ダーニングマッシュルームにタイツをかぶせ、マッシュルームの根元にヘアゴムなどを巻いて結び、固定します。引っ張りすぎて穴が広がらないように注意。

2 糸（ここでは25番刺しゅう糸3本どり）を針に通し、印の2～3cm外側から針を入れて、印の縁に1針目を出します。糸端は玉結びをせず、針を入れた位置から10cmほど出るように残しておきます。

3 丸い印の線に沿って、本返し縫い（82ページ）でステッチをしていきます。ときどきダーニングマッシュルームを回転させると、縫いやすい。

4 1周縫ったら、縫い終わりの反対側の縫い目と縫い目の間（写真の「1入」の位置）に針を入れ、縫い終わりの右隣の縫い目と縫い目の間（写真の「2出」の位置）から針を出します。

5 次に1の左隣の縫い目と縫い目の間（写真の「3入」の位置）から針を入れ、2の右隣の縫い目と縫い目の間（写真の「4出」の位置）から針を出します。

6 4、5と同じ要領で時計まわりに「針を入れる、出す」を繰り返し、円の中心の上を糸が渡るように、放射状にステッチをします。

7 放射状に1周ステッチをし、渡した糸と糸の間からまだ穴が見えるようなら、同じ要領でもう一周、渡した糸の間を埋めるように糸を渡してステッチします。

8 ステッチを2周し終えたところ。糸端はステッチの2〜3cm外側に出し、10cmほど残して切ります。

9 タイツからダーニングマッシュルームをはずして裏返し、糸端を裏側に引き出します。糸端を針に通し、裏側の縫い目に巻きかがるように数針通し、残りの糸をカットします。表に返して、でき上がり！

タイツの穴を繕う2

小さな穴があいてしまったタイツやレギンスに、今度はダイヤモンドカットのようなステッチを施す「ダイヤモンドステッチ」。刺し進むうち、中央にだんだんダイヤ模様が見えてくるのがおもしろいステッチです。

必要な道具

● 毛糸・刺しゅう糸 など*
● 針 ● チャコペンシル
● ダーニングマッシュルーム
● はさみ など
＊このステッチに向く糸 ▶ ウールの生地なら毛糸、木綿の生地なら25番刺しゅう糸。生地と糸の素材をそろえると、でき上がりがしっくりなじみます。

おつくろいの方法 ▶ ダイヤモンドステッチで

1 ステッチをしたい部分に、チャコペンシルなどで四角く印をつけます。印は穴の端から5mm以上離した位置につけましょう。ダーニングマッシュルームにタイツをかぶせ、マッシュルームの根元にヘアゴムなどを巻いて結び、固定します。引っ張りすぎて穴が広がらないように注意。

2 糸（ここでは25番刺しゅう糸3本どり）を針に通し、印の2〜3cm外側から針を入れて、印の四角の右上角に1針目を出します。糸端は玉結びをせず、針を入れた位置から10cmほど出るように残しておきます。

3 次に左下角に針を入れ、右下角から針を出します。

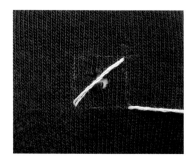

4 対角線状に糸が渡ったところ。糸は引きすぎたり、ゆるすぎたりしないよう、バランスよく引きます。

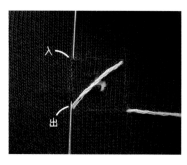

5 左上角に針を入れ、左下角の目の上側から針を出します。

6 右上角の目の左側に針を入れ、左上角の目の右側から針を出します。

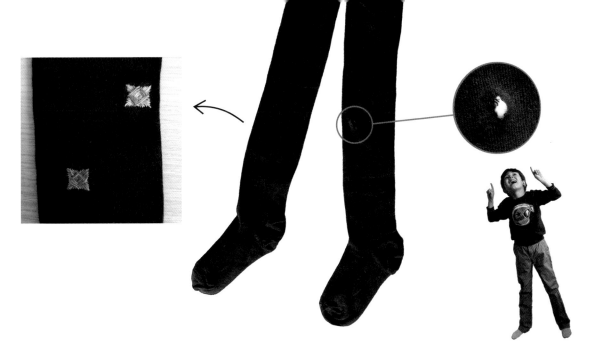

7 右下角の目の上側に針を入れ、右上角の目の下側から針を出します。

8 左下角の目の右側に針を入れ、右下角の左側から針を出します。

9 続けて左上角の目の下側に針を入れ、左下角の目の上側から針を出します。

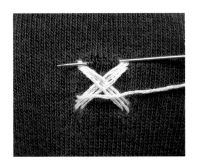

10 6〜9を繰り返して、印の四角の内側を埋めていきます。

11 中央にきれいなダイヤ模様ができてきたら、順にうまく刺せている証拠です。

12 印の中がすべて埋まったら刺し終わり。糸端はステッチの2〜3cm外側に出し、10cmほど残して切ります。45ページの9と同様の手順で糸始末をし、表に返したらでき上がり。

破れを生かして繕う

穴があいたらあいたで、
それを生かして遊んじゃおうという発想で生まれた刺しゅうあれこれ。
こどもと一緒にデザインを考えたら
楽しいかも！

破れを生かした刺しゅうで繕う

穴があいてしまったら、その穴をふさぐのではなく、形を
整えてアクセントにしてしまおうというお繕い。穴がほつ
れてこないよう、「アイレットステッチ」で補強しつつ、カ
ラフルに図案を刺していきます。デニムパンツやスカート、
ワンピースなどの小さな穴に。

必要な道具

- ●25番刺しゅう糸…好みの色 ●針
- ●チャコペンシル ●はさみ
- ●あればダーニングマッシュルーム ●アイロン
- ●アイロン台 など

おつくろいの方法

1 小さく穴があいてしまったところや
ほつれてしまったところなどを、丸
く切り取り、穴の形を整えます。

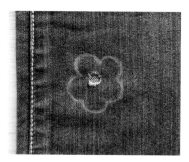

2 1の穴のまわりにチャコペンシルな
どで図案を描きます。

3 糸端は玉結びをせず、2〜3cm離
れたところから針を入れ、10cmほ
ど残しておきます。25番刺しゅう糸
1本どりで、穴の外側0.2〜0.3cm
ほどのところを並縫いで縁取りをし
ます。下にダーニングマッシュルー
ムを入れると作業しやすくなります。

4 同じ糸で続けて「アイレットステッ
チ」(84ページ) で、穴のまわりをか
がります。糸端は「玉留めをしない
糸始末(87ページ)」で処理します。

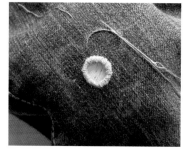

5 チャコペンシルで描いた図案に沿っ
て、ステッチを刺していきます(図
案は51ページ、86ページ、刺し方
は82ページを参照)。

6 全部刺し終えたら、糸端を裏側に
引き出し、裏側の縫い目に巻きか
がるように数針通し、残りの糸を
カットします。でき上がり!

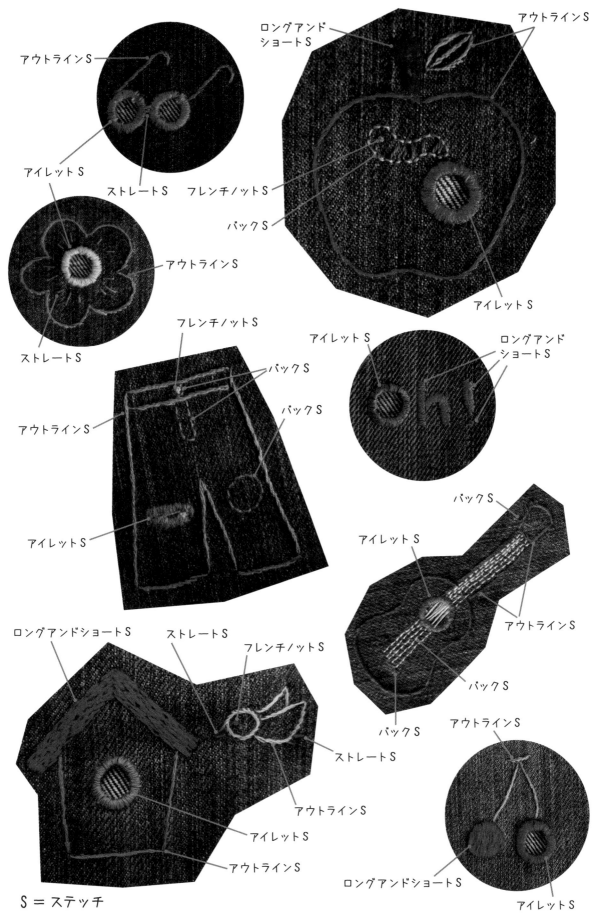

アウトラインS

アイレットS

ストレートS フレンチノットS

ストレートS

アウトラインS

ロングアンド
ショートS

アウトラインS

バックS

アイレットS

フレンチノットS

バックS

バックS

アウトラインS

アイレットS

アイレットS

ロングアンド
ショートS

oh!

バックS

アイレットS

アウトラインS

バックS

ロングアンドショートS

ストレートS

フレンチノットS

ストレートS

アウトラインS

アイレットS

アウトラインS

アウトラインS

ロングアンドショートS

アイレットS

S = ステッチ

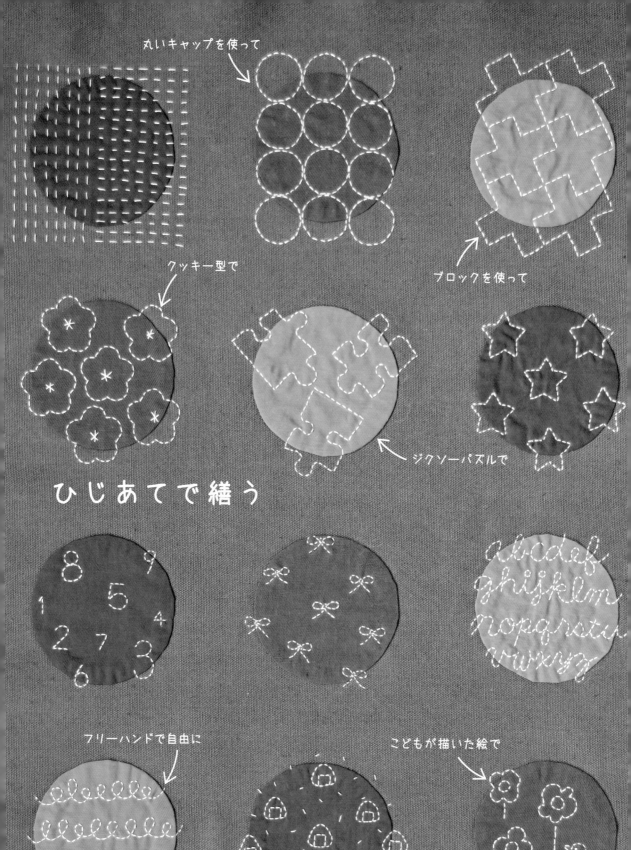

丸いキャップを使って

クッキー型で

ブロックを使って

ジクソーパズルで

ひじあてで繕う

フリーハンドで自由に

こどもが描いた絵で

刺し子風にステッチを施したひじあて。ワッペンみたいでちょっとうれしい。
幾何学模様に囚われず、フリーハンドで好きな柄を直接ひじあてに描いて刺すだけ。
生地の補強にもなります。

ひじあてで繕う

トレーナーなどのひじの穴やすり切れ、ひざにも使える簡単で応用の利くお繕いテクニックです。洋服の生地に近い素材を当て布に使うのがおすすめです。

必要な道具

● 布 ● 手縫い糸・刺しゅう糸・刺し子糸 など
● 厚紙 ● チャコペンシル ● 針 ● 待ち針
● ダーニングマッシュルーム
● 刺しゅう図案の型いろいろ ● はさみ
● アイロン ● アイロン台 など

あ、やっちゃった！でももう困らない。かわいいひじあて、つけてもらえるから。

ステッチは左右同じでなくてもOK。トレーナー＆ひじあてと一体化した幾何学模様がぐんと目を引く。

刺しゅうの図案は、丸いキャップやクッキー型、パズルのピースなどを使って形を写したり、こどもが描いた絵をトレースしたり。ほかにも手書きの文字や数字、こどもが好きなモチーフなど、図案のヒントは身の回りにたくさんあります。

お直しの方法

1 ひじあてのでき上がりサイズの大きさの型紙を、厚紙で作ります。型紙を布に置き、縫い代まわり1cmをつけてカットします。

2 布端から0.5cmのところを1周並縫いし、型紙を布の上に置きます。糸を引き絞り、丸く形作ります。

型紙

3 アイロンをあて、ギャザーが平らになるように整えます。

ひじが
破れた！

4 型紙をはずし、表側から再度アイロンをかけて形を整えます。ひじあて布ができました。

5 ひじあて布を、つけたい部分に待ち針で仮留めします。そでの中にダーニングマシュルームを入れると反対側の布を縫いつける心配がなくお繕いしやすい。代わりにシャンプーの空ボトルなどを使っても。

6 0.5cm間隔のたてまつり縫い（82ページ）で、ひじあてをそでに縫いつけます。

7 ブロックやクッキー型を使い、刺しゅう図案をひじあて布にチャコペンシルで描きます。

8 ひじあて布の外まではみ出すように図案の線を描くと、おしゃれなだけでなく、ひじあての補強にもなります。

9 図案から2〜3cm離れたところから針を入れ、並縫いや半返し縫い（82ページ）で図案を刺します。厚手の生地は、半返し縫いがおすすめ。

10 全部刺せたら糸端は図案から2〜3cm離れたところに出し、10cmほど残してカットします。

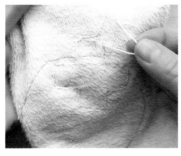

11 そでを裏返し、糸端を裏側に引き出し、45ページの**9**と同様の手順で糸始末をします。

12 もう一方のそででも、位置をそろえて同じ要領でひじあてをつけ、ステッチをします。

目立たせずに繕う

ここまでのお繕いは、傷んだ部分にカラフルな糸や布を使ってきましたが、ちょこっと引っかけた跡や、虫食いなどの小さな穴は、お繕い部分を目立たせずに直す方法もあります。薄手のカットソーなどの処理に向いているテクニックです。

必要な道具

●接着芯 ●はさみ ●目打ち ●アイロン
●アイロン台 ●当て布 など

おつくろいの方法　▶ 接着芯を使う

1 接着芯を、穴を隠せる大きさに丸くカットします。芯の接着面を生地側にあて、穴のあいた部分の裏側に置きます。

2 表側から見たところ。接着芯の位置がずれないように注意しながら、生地の表側を上にします。

3 目打ちなどを使い、穴がなるべく目立たなくなるように、生地をそっとつまみながら、穴の中心に寄せ集めます。

4 そのままそっと当て布を重ね、アイロンをかけて接着芯を接着します。

5 でき上がり。穴がほとんど目立たなくなりました。裏側に接着芯を貼っているので、これ以上穴が広がる心配もナシ！

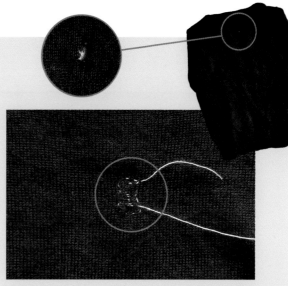

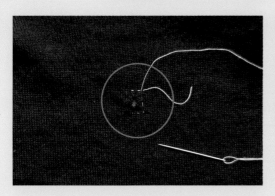

1 穴の外側 0.2 ～ 0.3cmほどのところを並縫いで（82 ページ）四角く縁取りをします。下にダーニングマッシュルームを入れると作業しやすくなります。糸端は玉結びをせず、少し離れたところから針を入れ、10cmほど残しておきます。
＊わかりやすいように、糸の色をかえて説明しています。

2 横方向に並縫いで往復しながら、布の目をすくって縫います。糸を引きすぎると布がつれてしまうので注意。

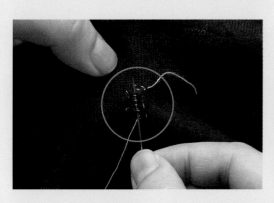

3 次に、**2**で縫った横糸をすくうようにして、縦方向に往復しながら縫います。

4 穴の付近は特に細かめに。ダーニング（38ページ）の要領で横糸を交互にすくい、穴をふさぐように縫います。

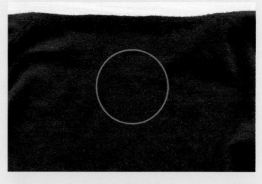

5 糸は縫い始めも縫い終わりも処理せず、生地ギリギリのところでカットします。

6 同色の糸を使えばこの通り！

袖口を繕う

トップスのなかでも袖口はいちばん傷みやすい部分。
あえて、目立つ色で繕ってもっとおしゃれに！ 袖口のおめかしを楽しみましょう。

バイアステープで袖口を繕う

バイアステープとは、布を45度の角度で細く裁断したひも状のテープのこと。布目に対してまっすぐに裁つより伸縮性がでるので、カーブに縫い付けてもゆがみにくく、洗濯をしたあとにも布がよれたりしない利点があります。伸びやすい袖口のお繕いにも向いています。

木綿地で

バイアステープを作る

布端をぴったり重ねると、仕上がりがずれてしまうので注意。

バイアステープメーカー

1 両折りのバイアステープを作ります。まず、正方形の布を斜めに二つ折りにし（布目に対して45度の角度で折る）、チャコペンシルで印をつけます。その線と平行に、好みの太さのバイアステープの幅（仕上がり幅に両側各1cm程度の折り返し分をプラスしたサイズ。ここでは4.5cm）の線を引き、布を裁断します。

2 1で裁断した布を縫い合わせて、長いテープを作ります。テープの端を中表に合わせて縫いますが、布端は、写真（OK!）のように合わせ、縫い代の左右がはみ出すように重ねるのがポイントです。これを繰り返して、必要な長さにします。縫い代を割り、表側から見てはみ出している部分は切り落とします。

3 テープの折り返し分を折ってアイロンをかけます。まず片側の端を裏側に向けて1cm折り、アイロンで折り目をつけます。もう片側も同じように1cm折って折り目をつけます。これで両折りバイアステープのでき上がりです。バイアステープメーカーを使えば、もっと簡単に作れます。

ニット地で

バイアステープを作る

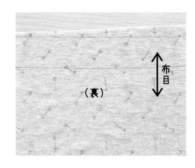

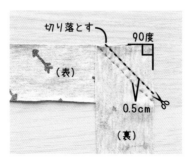

1 ニット地は伸縮性があるので、布を45度斜めにカットしなくてもOK。横の布目に沿って印をつけて裁断します。

2 裁断した布は、90度の角度で中表に合わせ、45度の角度で縫い合わせます。縫い代を0.5cmほど残して切り落とします。これを繰り返して必要な長さにします。

3 縫い代を割って、木綿地と同じように、両折りバイアステープに仕上げます。

1 バイアステープを袖口の幅より３㎝ほど長くカットします。

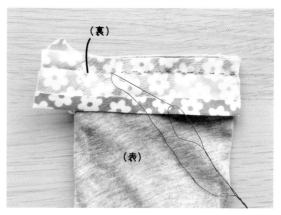

（裏）

（表）

2 バイアステープの片側の折り目を開き、袖口の端とテープの端を中表に合わせて、待ち針で留めます。折り目よりほんの少し、袖口側を並縫いで縫います。反対側の袖口を縫わないように注意しながらぐるりと１周縫い留めます。

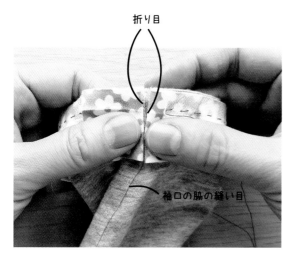

折り目

袖口の脇の縫い目

3 １周縫ったら、テープの端が袖口の脇の縫い目の位置とそろうように折り目をつけます。

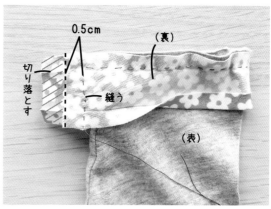

0.5㎝

（裏）

切り落とす

縫う

（表）

4 **3**の折り目を開いてテープを中表に合わせ、折り目の上を並縫いで縫います。袖口を一緒に縫い込まないよう注意して縫い、縫い代は 0.5㎝ほど残して切り落とします。

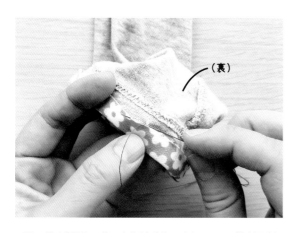

（裏）

5 袖を裏返し、袖口をくるむようにバイアステープを折り直して整えます。**2**で縫った並縫いが見えないように、まつり縫い（82 ページ）でテープを縫い留めます。

6 袖を再び表に返してでき上がり。袖口のすり切れた部分もこれできれいにカバー。

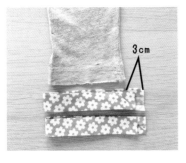

1 バイアステープを袖口の幅より3cmほど長く、2本分カットします。

3cm

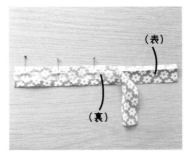

（表）

（裏）

2 2本のバイアステープの片側の折り目を開き、中表に合わせて待ち針で留めます。

ここを縫う

（裏）

3 折り目に沿って並縫いをし、2本のバイアステープを縫い合わせます。

4 3で縫い合わせたバイアステープを開き、アイロンで縫い代を割ります。

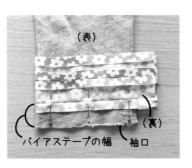

（表）

バイアステープの幅　袖口（裏）

5 袖口の端からバイアステープの幅の長さ位置に、テープの一方の折り目を中表に合わせます。袖ぐりにぐるりと待ち針で留めます。

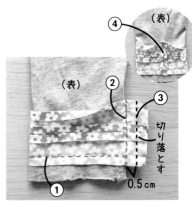

④（表）

（表）②　③

切り落とす

①　0.5cm

6 折り目よりほんの少し、袖口側を並縫いで縫います（①）。反対側の袖ぐりを縫わないように注意しながらぐるりと1周縫い留めます。袖の脇を縫い込まないよう注意してテープの脇を縫い（②）、縫い代は0.5cmほど残して切り落とします（③）。テープの縫い代をアイロンで割ります（④）。

（裏）

7 袖を裏返し、袖口をくるむようにバイアステープを折り直して整えます。6で縫った並縫いが見えないよう、まつり縫いでテープを縫い留めます。

（表）

8 袖を再び表に返してでき上がり。かわいく縁取りができました！

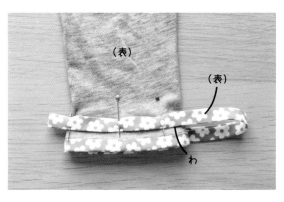

1 バイアステープにアイロンをかけて半分に折り、好みの位置に待ち針で留めます。

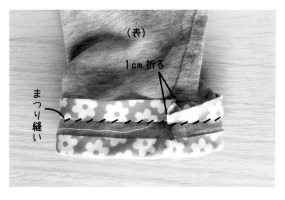

2 まず、半分に折ったバイアステープの折り目の「わ」のほうをまつり縫い（82ページ）で縫い留めます。後ろ側の布を縫い込まないように注意しましょう。テープの端は袖口の脇の縫い目の位置に合わせ、1cmほど折り込んで縫い留めます。

3 もう一方の端も同様にまつり縫いで縫い留めます。

4 でき上がり。柄の一部を切り抜いて縫い留めて、アクセントにしても。

テープとテープの間に袖口の布がちらりと見えるのもかわいい。

パンツをお直し

どうしてここばかり、
こんなにすり切れるのか、穴があくのか……と
嘆きたくもなる、パンツのひざ。
ならば、その部分を思い切って広めにカットして
新しい布を縫いつけてみましょう。
フレッシュな気持ちでまたはけるようになりますよ。

ひざあてでお直し**1**

穴があいたり、裂けたりしたパンツのひざに丸い当て布を縫いつける方法。布の大きさを変えれば、ひじあてにも応用可能です。

必要な道具

- ●布 ●ミシン糸 ●コピー用紙 ●鉛筆
- ●両面接着シート ●はさみ ●リッパー
- ●ミシン ●アイロン ●アイロン台 ●当て布 など

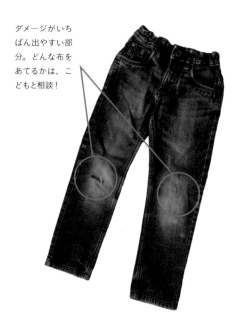

ダメージがいちばん出やすい部分。どんな布をあてるかは、こどもと相談！

お直しの方法 ▶ 丸いひざあてで

1 パンツの外側の脇の縫い目をリッパーでほどきます。「ひざあての長さ＋上下各6〜7㎝」がほどく目安です。ほつれた糸が出てきたら、カットしておきましょう。

2 穴のまわりのほつれた糸などをカットし、アイロンをかけて、シワを伸ばしておきます。

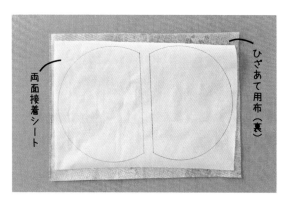

両面接着シート

ひざあて用布（裏）

3 ひざあてを作ります。ダメージ部分に合わせた大きさの円をコピー用紙に描き、一部をカットしてひざあての型紙にします。型紙を両面接着シートのはくり紙側の面に左右対称に1枚ずつ写して、ひざあて用布の裏側に重ねます。

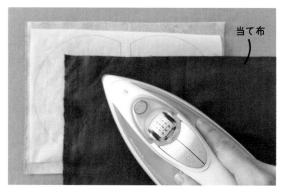

当て布

4 当て布を置き、上からアイロンで接着します（アイロンの温度などは、両面接着シートの使用説明書を確認しましょう）。

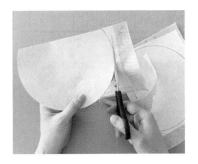

5 4をしばらく置いて、アイロンの熱を冷ましたら、印に沿ってカットします。

6 両面接着シートのはくり紙をはがします。

7 ひざあてをつけたい部分のパンツの脇線に、ひざあての直線部分がそろうように置きます。

8 当て布を置き、上からアイロンで接着します。

9 反対側のひざあても高さがそろう位置に置き、同様に接着します。

10 補強のため、当て布のまわりをジグザグミシン、またはブランケットステッチ（83ページ）などで縫い留めます。

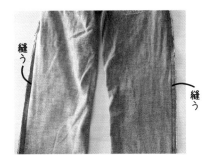

11 パンツを裏返し、1でほどいた脇を縫い合わせます。上下とも、元の縫い目に2cmほど重ねて縫います。布端はジグザグミシン、またはロックミシンで始末します。

12 表に返して、でき上がり！

ひざあてでお直し2

ひざあて布にタックを入れているので、お直し前よりひざが曲げやすくなるメリットも。細身のパンツなどのひざあてにおすすめのテクニックです。

スリムパンツでも動きやすくなった！

必要な道具

●布 ●ミシン糸 ●しつけ糸 ●チャコペンシル
●針 ●待ち針 ●はさみ ●リッパー ●ミシン
●アイロン ●アイロン台 ●当て布 など

お直しの方法 ▶ タック入りひざあてで

仕上がり線
裁断線

1 ひざあてをする部分に、チャコペンシルで印の線を引きます。写真の赤い線が仕上がり線、青い線が裁断線になります。

2 パンツの脇と股下の縫い目をリッパーでほどきます。「仕上がり線から仕上がり線までの長さ＋上下各2cm」がほどく目安です。ほつれた糸が出てきたら、カットしておきましょう。

3 脇と股下をほどいたら、裁断線で前ひざ部分を切り取ります。

4 もう一方の前ひざ部分も同じように切り取ります。

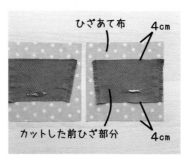

ひざあて布　4cm

カットした前ひざ部分　4cm

5 切り取った前ひざ部分を型にして、写真のように新しいひざあて用布の上にのせ、上下にそれぞれ4cmプラスして印をつけます。幅は、切り取った前ひざ部分の最大幅にそろえてまっすぐにカットします。

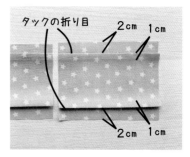

タックの折り目　2cm 1cm

2cm 1cm

6 写真のように、アイロンでタックの折り目をつけます。

好きな布を
選んでね

左前パンツ上部（表）

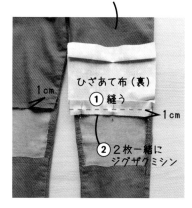

ひざあて布（裏）

① 縫う

1cm

1cm

② 2枚一緒に
ジグザグミシン

7 ひざあて布と左前パンツ上部を、縫い代1cmで縫い合わせます（①）。縫い代は2枚一緒にジグザグミシンで始末します（②）。

上を縫った

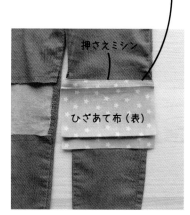

押さえミシン

ひざあて布（表）

8 7の縫い代をアイロンでひざあて側に倒し、表側から押さえミシンをかけます。

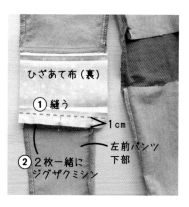

ひざあて布（裏）

① 縫う

1cm

左前パンツ
下部

② 2枚一緒に
ジグザグミシン

9 パンツを裏返し、ひざあて布と左前パンツ下部を、縫い代1cmで縫い合わせます（①）。縫い代は2枚一緒にジグザグミシンで始末します（②）。

10 ひざあての端を脇側の縫い代とそろえると、股下側のひざあての端が少しはみ出します。これはあとで切りそろえるので、この時点では、このままでOKです。

下を縫った

（表）

11 縫い代は2枚一緒にジグザグミシンで始末し、アイロンでひざあて側に倒します。パンツを表に返し、表側から押さえミシンをかけます。

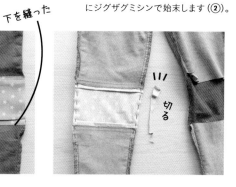

切る

12 パンツを裏返します。脇と股下の縫い目が元通りになるようにひざあて布を合わせ、タックがくずれないようにしつけ糸で脇と股下を仮留めをします。股下側の布端は、股下線に合わせて切りそろえます。

13 パンツの脇と股下を元通りに合わせて縫います。上下とも、元の縫い目に2cmほど重ねて縫います。

14 7〜13と同様の手順で、右パンツにもタックのひざあてを縫いつけます。

曲がる！

15 でき上がり。

ひざあてでお直し3

パンツの足の部分を輪切りにし、「バンド布」と名づけた
別の新しい布を、切り取った部分と差し替えて縫うテク
ニック。丈をのばすこともできるので、すぐに背が伸びる
こどもにぴったりです。左右対称でなくてももちろんOK。

必要な道具

●布 ●ミシン糸 ●チャコペンシル ●針
●待ち針 ●はさみ ●リッパー ●ミシン
●アイロン ●アイロン台 ●当て布 など

ひざ穴修理と同時に、
パンツ丈を3cmほどの
ばしました！

まだまだ
はけるよ！

1 穴やほころびのある部分のほか、バンド布を入れてアクセントにしたいところにも、印をつけます。

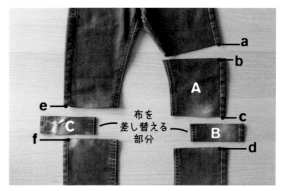

2 穴があいたり、すり減ったりした **B** と **C** の部分はバンド布と差し替えます。**a** と **b** の間には新しくバンド布をプラスします。

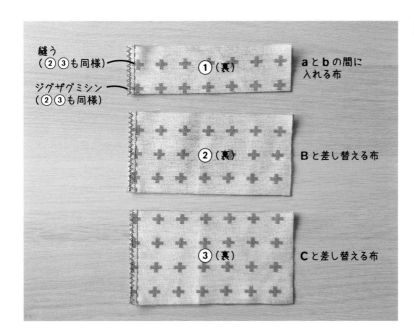

縫う
（②③も同様）

ジグザグミシン
（②③も同様）

① （裏）　　**a** と **b** の間に入れる布

② （裏）　　**B** と差し替える布

③ （裏）　　**C** と差し替える布

3 バンド用の布を用意します。布は下記のように計算します。同じものをそれぞれ2枚ずつ用意し、中表に合わせて、短いほうの辺の片方に縫い代1cmで縫い合わせます。縫い代は2枚一緒にジグザグミシンをかけて始末します。

〈布の長さ〉
写真上／① **a** と **b** の間バンド布…
（のばしたい丈の長さ÷2）＋4cm
写真中／② **B** の長さ＋（のばしたい丈の長さ÷2）＋4cm
写真下／③ **C** の長さ＋のばしたい丈の長さ＋4cm

＊布の幅は、パンツの幅の最大幅に合わせる。

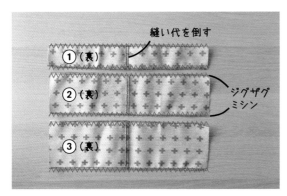

縫い代を倒す

① （裏）

② （裏）　　ジグザグミシン

③ （裏）

4 3で縫い合わせたバンド布を開き、縫い代を布の片側に倒し、それぞれの布の上下にジグザグミシンをかけます。

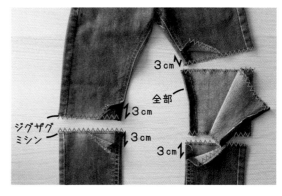

3cm

全部

3cm

ジグザグミシン

3cm

3cm

5 股下の縫い目を、リッパーでほどきます（ほどく長さは写真を参照）。パンツのそれぞれの切り口の端にもジグザグミシンをかけて、布端を処理します。

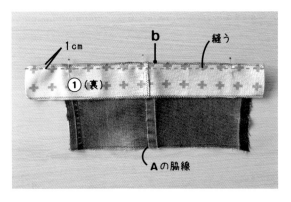

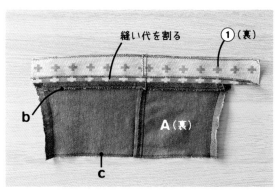

6 bと①布の片側の長辺を、中表に合わせて縫い代1cmで縫います（以降縫い代は1cm）。その際、Aの脇線と①の縫い目の位置をそろえます。

7 縫い代はアイロンで割ります。はみ出した布はあとで切りそろえるので、この時点では、このままでOKです（他のはみ出した部分も同様）。

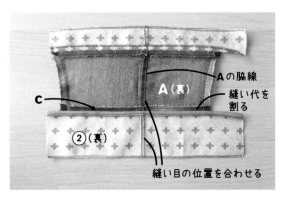

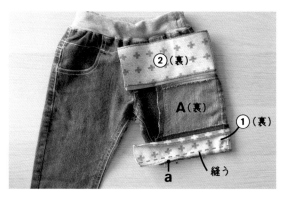

8 次にcと②布の片側の長辺を、中表に合わせて縫います。その際、Aの脇線と②の縫い目の位置を合わせます。縫い代はアイロンで割ります。

9 aと①布のもう一方の長辺を、中表に合わせて縫います。

10 パンツを裏返し、縫い代はそれぞれアイロンで割ります。

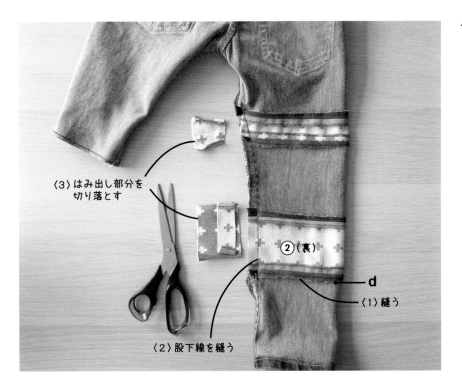

〈3〉はみ出し部分を
切り落とす

〈2〉股下線を縫う

②（裏）

d

〈1〉縫う

11 dと②布のもう一方の長辺を、中表に合わせて縫い〈1〉、縫い代を割ります。股下線を元通りに縫い直し（〈2〉元の縫い目と上下2㎝ほど重ねて縫う）、余分なバンド布をカットします〈3〉。

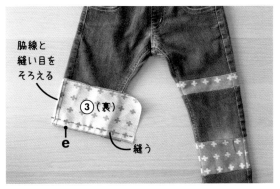

脇線と
縫い目を
そろえる

③（裏）

e

縫う

12 同じ要領で、eと③布の片側の長辺、fと③の布のもう一方の長辺も、中表に合わせて縫い、縫い代を割ります。

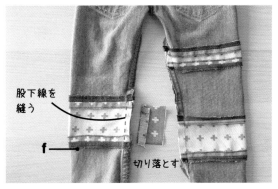

股下線を
縫う

f

切り落とす

13 左足と同じ要領で、股下線を元通りに縫い合わせ、余分なバンド布をカットします。

ジグザグミシン

14 両足の股下線の縫い代を2枚一緒にそれぞれジグザグミシンで始末します。

15 ダブルステッチ部分を再現したい場合は、元の糸と似た色の糸で、ひざあての股下の部分に返し縫いでステッチをプラスします。

ファスナーをお直し

ファスナーが閉まらなくなっちゃった。
うまく動かなくなっちゃった。
これらもちょっとしたコツで
お直しできる場合があります。
お気に入りのジャンパーやリュックなど
泣く泣く手放す、その前に
ちょっと直してみませんか。

ファスナーが閉まらない

上げても下げても、ファスナーが閉まらなくなったとき、ラジオペンチを使うと直せることがあります。あきらめる前にトライする価値ありです。

お直しの方法

1 ファスナーを、いちばん下まで下ろした状態にし、スライダーの肩口をペンチで軽く押さえるようにつまみます（左右両方）。

2 力を加減しながら「つまむ→ファスナーが閉まるかどうか試す→つまむ」を繰り返します。

3 ファスナーが元通り、開閉できるようになりました。

エレメント部分がテープからはずれた

リュックなどのファスナーは古くなってくると、開け閉めのときに力のかかるエレメント部分が布から外れてしまうことがあります。そんなときは細い糸と針を使って直すことができます。

お直しの方法

1 エレメントがテープからはずれたら、まずは周囲のほつれた部分をきれいにカットします。

2 なるべく細い針と糸を使い、エレメントを元あった位置に戻しながら、テープにエレメントを1目ずつ留めていきます。テープと似た色の糸を使うと目立ちにくく仕上がります。

3 お直し完了！

オランダの
リユース＆リサイクルについて

私が 2009 年から約 12 年間暮らしたオランダは、エコやリサイクルに対する意識が高く、その活動は当たり前に暮らしに溶け込んでいます。ゴミの回収・リサイクルはもちろん、古い布や洋服などの慈善団体への寄付などが歴史的に行われており、こどもたちも幼いころから親とともに、日常的にエコ活動に参加しています。

学校で使う教科書も、個人のものではなく、何年間かは使い回し。ですから書き込みをしない、乱暴に扱わないなど、ものを大切にする意識が自然と育まれます。家の前には、不要になった本を置き、読みたい本を自由に持ち帰ることのできる物々交換の本棚として、扉のついた小さな木箱が置かれ、スーパーにはコミュニティ本棚なども多く設置されています。こうした小さな図書館＝マイクロライブラリー活動も盛んです。ほかにも街のあちこちにリサイクルポストが設置され、ビン・カンだけでなく、洋服用のポストも。ポスト自体のデザインがかわいいのもオランダらしいと思います。

オランダのエコ活動の基礎となっているのが、自然に対する人間の姿勢。人間も自然の一部で

あり、それによって生かされているのだから、自然を無理にコントロールするのではなく、共存するべきだという考え方です。その考え方がよく反映されていてユニークなのが、こどもたちへの水泳教育。海抜が低く水辺が多いオランダでは、泳げることは命を守るために不可欠な技術です。住宅街に大きな池があれば、安全のために岸をフェンスで囲いたくなるところですが、オランダでは自然はあるがままの形を維持し、人間のほうが服を着たまま落ちたときに備え、泳ぎ方を幼い頃から学びます。こうした文化によるちょっとした考え方の違いにはいつも驚かされます。

わが家の小さなリユースの一つは、はぎれの有効活用。洋裁で余った小さなはぎれはもちろん、何度もお繕いしたのちサイズアウトした洋服もバケツにストックしておきます。こどもたちはそれらを組み合わせてぬいぐるみを作ったり、お繕いに使ったり。新しいオモチャを買う代わりに不用品を使って自分で何かを作ることが遊びの一つになりました。そんな環境で楽しみながらこどもたちも日々、エコ感覚を身につけています。

Part
3

------- ✂

お繕いの道具とテクニック

お繕いは基本的に、針と糸、あとは少しの布があればできます。
細かい決まりごとはありませんが、きれいに仕上げるには
繕う生地の素材を意識することがポイントになります。
最低限の材料と道具の選び方、そして基本のステッチの仕方を覚えて
自分スタイルのお繕いの可能性をどんどん広げていきましょう。

道具

糸

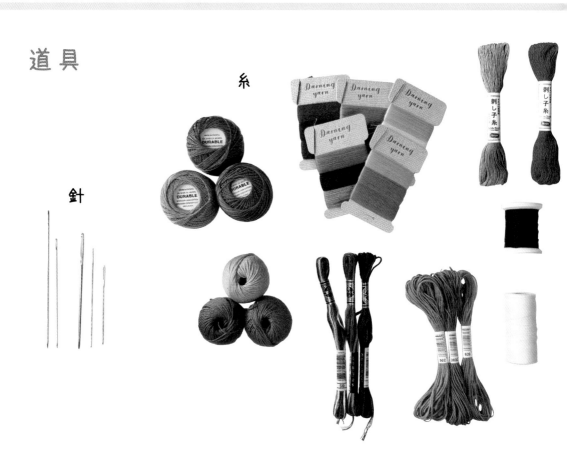

針

ダーニングマッシュルーム

絵の具
インク

お繕いで使う針や糸は、生地に適した針の長さや太さ、糸の素材や太さなどを考えて選ぶ必要があります。必ずしもそれでなくてはダメ、というわけではありませんが、慣れるまでは基本を押さえて作業するのがおすすめです。

針

刺しゅう用、毛糸用、手縫い用など、針は用途によって太さや長さが異なります。お繕いに使う針は、使う糸や繕う洋服の素材に合わせて選びましょう。並縫いをするときは少し長めを、毛糸を使うときは針先の丸いものを選ぶとよいでしょう。

糸

刺しゅう糸、毛糸、ミシン糸など、糸にもいろいろな太さや種類があります。初心者に扱いやすいのは、針と同じく、繕う洋服の素材や糸の太さに近いもの。靴下など厚手で伸縮性のあるものは細めの毛糸が、木綿のシャツやパンツなどには、刺しゅう糸や木綿糸が向いています。

絵の具・インク

布用スタンプインク、布用絵の具など、布に直接着色し、アイロンで定着させる専用の絵の具が各種あります。お気に入りの色を何色か持っていると、アップリケや刺しゅうにこどもの絵をプラスするなど、オリジナリティあふれるお繕いを楽しむことができます。

ダーニングマッシュルーム

ダメージのある部分の裏側にあて、生地を安定させてお繕いをしやすくするダーニングマッシュルーム。最近では日本でも手に入りやすくなりましたが、丸くて固いものなら、身近にあるもので代用することも可能です。ヨーヨーや小さなボウル、使い終わったシャンプーのボトルなども利用することができます。

基本の縫い方

本書で紹介したお繕いで使った縫い方です。
当て布を縫いつけるとき、刺しゅうを施すときなどに使います。

並 縫 い（ランニングステッチ）

手縫いの基本となる縫い方で、主に、布と布を縫い合わせる
ときに使います。お繕いでは、あいた穴のまわりを縁取ったり、
飾りのステッチとしても使用しています。

1 布の裏側から針を出し（1出）、1針分左に針を入れ（2入）、1針分先に針を出す（3出）。

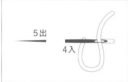

2 1と同様にして等間隔で布をすくい、数目ごとに針を引き抜く。

3 1、2を繰り返して縫う。糸がよじれたり、布がひきつれたりしないよう、ときどき布をしごいて平らにならす。

本 返 し 縫 い（バックステッチ）

ミシンの縫い目のように見える丈夫な縫い方で、布と布をしっかりと縫い合わせたいときに使います。厚手の生地を縫い合わせるときにも向く縫い方です。

1 布の裏側から針を出し（1出）、1針分右に針を入れ（2入）、2針分先に針を出す（3出）。

2 1針分戻り、「1出」と同じところに針を入れ（4入）、2針分先に針を出す（5出）。

3 1、2を繰り返して縫う。

半 返 し 縫 い

表側からは並縫いのように見えますが、並縫いよりしっかり
と縫い合わせることができます。本返し縫いよりやわらかな仕
上がりで、薄い布を縫い合わせるのに向きます。

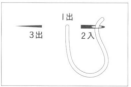

1 布の裏側から針を出し（1出）、1針分右に針を入れ（2入）、3針分先に針を出す（3出）。

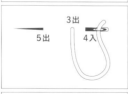

2 1針分戻り、「1出」と「3出」の中間に針を入れ（4入）、3針分先に針を出す（5出）。

3 1、2を繰り返して縫う。

ま つ り 縫 い・た て ま つ り 縫 い

アップリケの縁を縫ったり、パンツの裾上げなどに使う縫い
方。なかでも縫い目に対して直角にまつるのをたてまつり縫
いといいます。針目が細かいほど、しっかりと縫いつけること
ができます。

まつり縫い

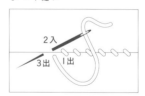

手前側の布の縫い代の裏から表に針を出し（1出）、奥の布に針を入れ（2入）、1針縫う。「1出」の左側に再び針を出す（3出）。これを繰り返して縫う。

たてまつり縫い

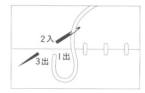

縫い代の裏から表に針を出し（1出）、奥の布のすぐ上に針を入れ（2入）、1針縫う。「1出」の左側に再び針を出す（3出）。これを繰り返して縫う。

アウトラインステッチ

1針刺したら半目戻る位置に針を出し、左から右方向に刺していくステッチ。丸みのある図案の線も滑らかに刺し進むことができます。

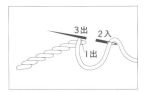

布の裏側から針を出し（1出）、1目分右に針を入れ（2入）、半目分戻るように針を出す（3出）。これを繰り返して縫う。

ブランケットスケッチ

その名の通り、ブランケットの縁取りなどに使われるステッチ。左から右に刺し進みます。

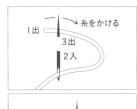

1 図のように針を出し入れし、針先に糸をかける。

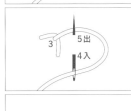

2 同じ針幅、糸の引き加減で右方向に刺す。

3 でき上がり。

ストレートステッチ

たてに1本刺すステッチ。ステッチの向きや目の長さ、その間隔でさまざまな模様を表現できます。

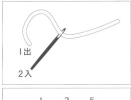

1 布の裏側から針を出し（1出）、すぐ下に1針分針を入れる（2入）。

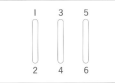

2 1を繰り返して縫う。

3 中心から放射状に刺すと花の形が描ける。

フレンチノットステッチ

丸い玉のような形が特徴のステッチ。水玉や花心、動物の目を表現するときなどに使います。

1 布の裏側から針を出し（1出）、針先に糸を3回巻く。

2 1で針を出した（1出）のきわに針を刺し戻し（2入）、巻いた糸の形を整えてから、糸を引き締める。

3 でき上がり。

基本の縫い方

アイレットステッチ

カットワークの一種で、目打ちやはさみであけた穴のまわりを巻きかがって模様を作る手法です。お繕いでは、もともとあいた穴をかがるときに使います。

1 布に穴をあけて切り込みを入れ、好みの大きさに丸く整える（余った布は内側に折り込む）。穴の 0.2 〜 0.3 cm 外側を並縫いで縁取る。

2 1 の縁取りの外側に針を刺して穴の周囲を巻きかがる。布端があれば一緒に巻きかがり、はみ出した部分はあとでカットする。

コーチングステッチ

図案上のラインに糸を置き、別の糸を使って等間隔で留めていく手法。なめらかな曲線を自由に表現することができます。

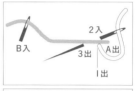

1 土台の糸を布の裏側から出し、図案のラインに沿わせる。別糸を布の裏側から出し、図のように針を出し入れして、土台の糸を留めていく。

2 でき上がり。一定の間隔で縫い留めるのがコツ

ロングアンドショートステッチ

針目の長いものと短いものを交互に刺していく手法。広い面積を刺し埋めることができます。

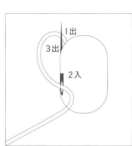

1 図案の線から内側に向けて刺し進める。

2 長いステッチと短いステッチを左から右へ交互に刺す。次の段からは、その間を埋めるように同じく長いステッチと短いステッチを交互に刺す。

図案

14ページで使ったステンシルモチーフの図案です。本書ではこの中から「くるま」と「きりん」を拡大して使用しています。好きなモチーフを好きな大きさにして使ってください。

図案

51ページで使った刺しゅうモチーフの図案です。
好きなモチーフを好きな色でステッチ！ 穴の大きさに合わせ自由なサイズで使ってください。

図案

36、37ページの靴下のダーニング図案です。完璧に写さなくても大丈夫。
シンプルな形の縁取りで、中を埋めていきましょう。

玉結び・玉留めをしない糸始末

お繕いで使う糸始末は、玉結びや玉留めをしない方法です。これは直した靴下
や洋服を身につけたときに、糸端の結び目がゴロゴロしないようにするためです。
できるだけ、凹凸の出ないやり方で始末するのが、お繕いには向いています。

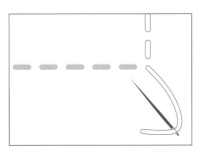

1
糸端は布の裏
側に出し、針
に通す。

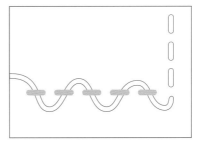

2
裏側の縫い目
に、ジグザグ
に糸をくぐら
せるように数
目通してから
糸を切る。

Profile

レヴィ奈美 Nami LÉVY

長野県生まれ。こどものころから母が
服を繕う様子を見て育つ。自身も、2
人のこどもの服が汚れたり破れたりサ
イズが小さくなったりするたびにお繕
いして再生してきた。インダストリア
ルデザイナー。カナダのアルバータ大
学インダストリアルデザイン学科卒業
後、筑波大学大学院人間総合科学研究
科デザイン学修士号取得。フランス人
の夫の転勤に伴い、2009 年よりオラ
ンダ在住。オランダのアイントホー
フェン工科大学インダストリアルデザ
イン科講師などを経て、デザインスタ
ジオ labo73 設立。 本書では製作だけ
でなく撮影も手がけた。

https://otsukulog.wixsite.com/japanese
Instagram → @otsukulog

Staff

編集協力
野々瀬 広美

デザイン
池田紀久江

校正
滄流社

素材提供 (p19)
Fashion Tech Farm

こども服をお繕い

発行日　2021 年 10 月 25 日

著　者　　レヴィ奈美
発行者　　清田名人
発行所　　株式会社内外出版社
　　　　　〒110-8578 東京都台東区東上野 2-1-11
　　　　　電話 03-5830-0368 (企画販売局)
　　　　　電話 03-5830-0237 (編集部)
　　　　　https://www.naigai-p.co.jp
印刷・製本　中央精版印刷株式会社

©Nami LÉVY 2021
Printed in Japan
ISBN978-4-86257-557-9